Das Ich erwacht am Du. (M. Buber)
Selbsterfahrung geschieht in der
Gegen-wart, in der Begegnung mit
den Geschöpfen. In der inneren Be-
glückung der äußeren Begegnung
erfahre ich das Glück der Nähe:
die Nähe Gottes. In jeder Nähe ist
Gott da; er ist all-gegenwärtig.
Doch kann ich seine Nähe erst
erfahren, wenn ich Ihn in aller
äußeren Nähe suche.

Elmar Gruber

Herr,
du bist das Nahe
in der Nähe,
du bist das Liebe
in der Liebe,
du bist die Kraft
im Leid

Elmar Gruber

Herr,
du bist mir nahe

zusammengestellt von
Marianne Strasser

November 1993
erschienen im Eigenverlag

Versand:
Marianne Strasser
Fundhobl 4
84494 Niederbergkirchen
Telefon 0 86 39 / 82 53

Bildnachweis:
S. 5, 29: J. Weixler
S. 9, 17, 33: U. Zycha
Titelbild, S. 13, 21, 25, 37, 41, 45, 49, 53: M. Strasser

ISBN 3-927516-32-5

Gesamtherstellung:
horst maier-druck gmbh, 84559 Kraiburg a. Inn

Herr,
gib uns
deine Kraft,
damit wir
einander
heilend
nahe sein können

Herr,
überall,
wo wir
beglückende Nähe
spüren,
bist du es,
der uns nahe ist

Herr,
du bist
der Nahe,
der uns alle
umfängt

Herr,
du rufst uns
in deine Nähe,
du gibst
unserem irdischen Leben
schon jetzt
den ewigen Sinn

Herr,
du hast
die Welt geliebt,
du liebst sie
und du wirst sie
immer lieben

Herr,
du stellst
die Forderung
der Liebe
über die Forderung
des Gesetzes

Herr,
aus deiner Nähe
erhalten wir
die Kraft
und die Freude
zum Leben

Herr,
laß uns
von deiner Nähe
immer wieder
überwältigt sein

Herr,
schenke uns
deine Leuchtkraft
und mache uns
zum Licht
in der Dunkelheit
unserer Zeit

Herr,
öffne unser Herz,
damit wir
die Großartigkeit
deines Erbarmens
spüren

Herr,
mache uns
erbärmliche Menschen
erbarmend

Herr,
du bist
mein Fels,
der mich trägt,
der mich ermutigt,
mich ganz
auf dich
zu verlassen

Herr,
wo ich leide,
und wo ich
dieses Leid
ertragen kann,
bist du es,
der mich stärkt

Herr,
ich kann
das Unbegreifliche
in meinem Leben
annehmen,
weil ich weiß,
es steht
in deinen Händen

Herr,
du bist
der untrübliche Spiegel,
in dem ich
mich selber
erkennen kann

Herr,
du bist
das Wasser,
bei dem
niemand
mehr dürstet

Herr,
wenn ich
auf dich
vertraue,
bin ich
wie ein Baum,
der am Wasser
gepflanzt ist
und reiche Frucht
bringt

Herr,
gib uns Mut,
daß wir vor dem
nicht zurückschrecken,
was du uns
zutraust

Herr,
gib uns Kraft,
im Vertrauen
auf dich
unser Leben
aus deiner Hand
anzunehmen

Herr,
hilf uns,
uns selbst
so zu nehmen,
wie wir sind

Herr,
nimm von uns alles,
womit wir
uns selbst
den Weg verstellen,
zu uns,
zu den Menschen,
zu dir

Herr,
hilf uns,
damit wir alle Angst
und alle Zwänge
überwinden

Herr,
gib uns
die Kraft
zur wahren Liebe,
die sich
im Leid erweist

Herr,
nimm von uns
alle Spaltung,
damit wir
mit Entschlossenheit
und innerer Einheit
unser Ja zu dir
sprechen können

Herr,
hilf uns,
daß wir
unser Herz
nicht
mit Sorgen
und Sinnlosigkeit
füllen

Herr,
befreie uns
von allem
Unwichtigen

Herr,
gib uns Mut,
daß wir
unsere Probleme
von oben
sehen

789 Meter
über Altranische
Meer.

Herr,
du berufst
uns Menschen
in deine Nähe,
damit wir
als Gerettete
einander
zur Rettung werden

Herr Jesus Christus,
du bist
der Herr der Welt,
du bist
der Herr aller Zeiten,
du bist
der Herr unseres Lebens

Herr,
nimm von uns alles,
was uns
verschließt,
was uns trennt
von dir

Herr,
befreie uns
von allem,
was uns
fesselt
an das
irdisch Vergängliche

Herr,
befreie uns
von den
unsinnigen Zwängen
unseres Lebens

Herr,
steh uns bei,
daß wir uns
von Herzen
für dich entscheiden

Herr,
deine Liebe
gibt uns die Kraft,
die Mühsal
dieser Welt
zu bestehen

Herr,
du bist mir nahe,
wenn der Herbst
meines Lebens
auf mich zukommt

Herr,
den alten Tag,
so unfertig
er ist,
gebe ich
in dein Erbarmen
und den neuen Tag
nehme ich
als Geschenk
aus deiner
Vorsehung

Herr,
du bist mir nahe
alle Tage
meines Lebens

Herr,
du bist das Leben,
das mich fähig macht,
den Tod auf mich zu nehmen

Vom gleichen Autor

Trau dich leben
62 Worte, 17 Aquarelle

Zum Leben befreit
40 Texte, 14 Fotos

Gott ist im Kommen
25 Worte, 5 Tuschezeichnungen, 1 Foto

Letztlich wird alles gut
23 Worte zu Leid und Tod, 8 Fotos

Gott wird Mensch
25 Worte zu Weihnachten,
5 Tuschezeichnungen

Herr, du hast dich hingegeben
39 Gebete, 14 Fotos

Alle Bücher sind mit einem
handgeschriebenen Vorwort
von Pfr. Elmar Gruber versehen.